LOCUS

LOCUS

LOCUS

LOCUS

Smile, please

成功・致富・又快樂

溫世仁⊙著

蔡志忠⊙繪圖

money & joy

成功是一種觀念，致富是一種責任，
快樂是一種權利；有了成功、財富，
快樂的微笑最好。

溫世仁的成功哲學　　蔡志忠的前言

一個良好的示範，才是最佳的訓詞——富蘭克林

一九九四年夏天，我工作室的電話響起來，

「喂，我找蔡志忠先生。」

「我就是。」

「我們是一家電腦字典公司，想請蔡先生做我們的顧問，不知道蔡先生您有沒有興趣？」

「等一下！我是個漫畫家，只會畫漫畫，是個如假包換的電腦白癡，怎麼能勝任這工作？」

「我們不是要請你設計電腦，所以會不會電腦不是問題，我們是要借用蔡先生的智慧，指導我們製作電腦軟體。」

居於我很想站在時代尖端的私心，於是我很樂意的成為那家公司的一份子，很慶幸自己有機會也參加了尖端技製作的行列，而不是一個被時代韻律、節奏淘汰出局的活化石。

進了公司後，經側面打聽才知道提議我當顧問的人正是溫世仁先生，原因是溫先生曾經看過幾次有關我的採報導以及看過我所有的漫畫作品，於是他就很感性的下批示想辦法請我當顧問。擔任顧問的兩年當中，幾次溫先生促膝相談，發現他真的非常感性，還懷著一顆赤子之心，充滿著好奇、學習的精神。另一方面他又處流露出中國古代儒家、道家及孫子兵法的智慧，並將這些確實的融入於生活和企業管理之中，套句術語就是左右大腦都相當發達的人，八十歲老翁會的他也會，三歲嬰兒會的他也會。

什麼是三歲嬰兒會的？人的心智成長分四個階段，而最重要的是二歲至六歲這段不可思議的年齡。一個人的智、性向、情感也都是在這階段形成的，這個階段對一切內外在都充滿著好奇和求知慾。雲為什麼要飄？鳥什麼會飛？花為何開得這麼美麗？對周遭的一切都認為不可思議而專注於其中。人類之所以進化就是嬰兒時的無限延長，而古今中外的成就者們也都是把嬰兒期的好奇、學習、吸收、改造的特質無限延伸，終其一生保持嬰兒般的純真。

溫先生也是如此，我知道他曾為了自認為上台說話不夠流暢而去上演講課，也去上柔道、氣功、打坐各種課

程，另外，他的記憶力好得驚人，我想信他一定費過一段苦心，學過記憶術。

「成功、致富又快樂」對於我們一般俗世之人而言，就像夢境中那般難以達成的彼岸。而溫先生是抵達了彼岸之人，猜想他必是站在那兒懷著一顆感恩的心，並發心地要把如何抵達彼岸的道跡寫出來，希望大家也能像他那樣的抵達彼岸，並享受著「成功、致富又快樂」。

其實溫先生除了對成功、致富的善於掌握之外，最令我佩服的是他對老子思想的實踐，將道家思想化入生活、管理，並運用得爐火純青。希望那一天他能將這心得也寫出另外一本書，以供我們學習，那即是：「善為士者，不武；善戰者，不怒；善勝敵者，不與；善用人者，為之下。是為不爭之德，是謂用人之力，是謂配天之極。」

目錄

Chapter **4**

Chapter **5**

當我們想征服一座山，

就算我們真的征服了山，

同時我們也等於被自己的欲望所征服，

如此，徒增長欲望。

如果我們去征服成功、

征服財富、

征服快樂，

其實，還是被自己的欲望所征服，

徒增長欲望。

我們不應該去征服山，而是去融入於山，

Success with Money & Joy

於是山就變成為我們自己。

我們不應該去征服成功、財富、快樂，

而是去融入成功、財富、快樂。

於是，

就算我們只是得到一點點的成功、財富、快樂

也成為我們自己的成功、自己的財富、自己的快樂，

誰也奪不走。

Chapter **1**

建立成功——檢視自我

成功必須靠百分之九十八的辛勤血汗，加上百分之二的天才靈感
——愛迪生

1.成功不是打敗別人
成功不是用自己的力量去打敗別人，贏來的成功不是真成功

一九七七年知識份子型的電影全才伍迪艾倫導演的一部電影《安妮霍爾》得到奧斯卡金像獎的最佳影片、最佳導演、最佳原著劇本、最佳女主角四項大獎。而伍迪艾倫本人更是一手包辦這部電影的監製、編劇、導演、男主角，他應該非常高興的去參加頒獎典禮，接受他應享的榮耀才對啊！

可是伍迪艾倫並沒有去好萊塢參加頒獎，而是獨自一人在紐約的小酒吧吹奏黑管爵士樂，因為他堅信一件事：「成功是自我証明，而不需要藉由錢財、名利去肯定。」

想到「成功的人」，我們腦海中會不知不覺的浮現一個鮮衣怒馬，出人頭地的影像，可是我們很少深入去探討成功的定義。

首先，我要從反面的角度來探討成功的定義。成功有三不，第一、「成功不是打敗別人」，有些時候我們受球賽、武俠劇或戰爭電影的影響，下意識的認為成功就是將對手打敗。

我還在唸書的時候，當時有一本非常流行的書叫《基度山恩仇記》，基度山伯爵年輕、英俊、富有並有一位美麗的未婚妻，卻被三個朋友陷害，失去了一切，並被關入了死牢，一個永遠沒有人能出來的死牢。他恨死了那三個陷害他的朋友，也充滿了絕望。

在死牢中，他卻遇見了同被關在那裡的一個牧師，那老人給了他一張藏寶圖，並告訴他逃走的方法，他很興奮，並發誓一旦能走出死牢，一定要向那三個朋友報仇。
他逃走的前一晚，也是那老牧師即將死去的那晚，老牧師握著他的手說：「孩子，報仇是上帝的事，拿那些錢去做些好事吧！」

基度山伯爵奇蹟似的逃出了死牢，找到了寶藏，並依計劃向那三個害他的人報復，《基度山恩仇記》基本上講的就是他復仇的過程，他使害他的三個仇人下場都很悽慘，他的未婚妻那時已嫁給那三個仇人之一，在最後拒絕回到他的身邊，並對他
說：「你這樣做，究竟得到了什麼？」
在書的末了，他並沒有成功的喜悅，反而有些空虛，
有些悔恨。

打敗對手並不是成功，儘管世上有許多不公的事，但「報仇是上帝的事」，對手也許可以用來激勵自己，但「成功不是打敗別人」。

成功不是超越別人

從前有個人，很愛看水滸傳。

我要超越新武松的打虎成為英雄。

三杯不過崗，出發找虎去！

哈！發現虎跡了！

不不不！我只是找在腳印，不敢真正找您！

你千里而來，為的是想與我比一比？

哇！

成功不是超越別人，使自己脫穎而出，況且人們幻想的理想往往不切實際。未能達到目標，十之八九都只能怨自己不了解自己的能力。

2.成功不是去超越別人

成功不是超越別人，超越只是短暫勝利，不是成功

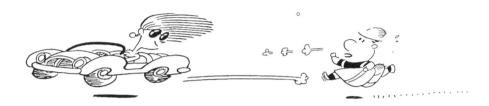

接著我要說的是「成功不是超越別人」。也許有人會說，我不去打敗別人，我超越別人，就像在賽跑中跑第一名，脫穎而出，算不算成功呢？我無法馬上回答這個問題，我只想問那跑第二、第三甚至最後一名的算不算失敗呢？當林青霞還是小孩子的時候，那時最紅的電影女明星叫林黛，唯一連續得過四屆亞洲影后的女明星，幾乎在頒獎前，所有的媒體都肯定林黛一定會蟬聯影后，因為她遠遠超越別人，毫無對手。這位集榮耀、美麗、財富於一身的影后，卻無法克服高處不勝寒的寂寞而自殺了，結束了年輕而短暫的生命。這世界上還有許多同類的故事，已經發生或正在發生，告訴我們超越別人不見得就是成功，所以「成功不是超越別人」。

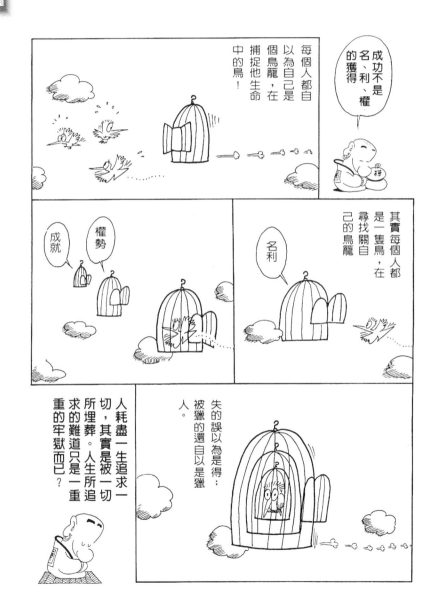

成功不是名、利、權的獲得

每個人都自以為自己是個鳥籠,在捕捉他生命中的鳥!

其實每個人都是一隻鳥,在尋找關自己的鳥籠

權勢

成就

名利

失的誤以為是得:被獵的還以為是獵人。

人耗盡一生追求一切,其實是被一切所埋葬。人生所追求的難道只是一重重的牢獄而已?

3.成功不是名、利、權的獲得

名、利、權是慾望的產物，不做慾望的奴隸，才有可能真成功

知名度很高，很有錢，權力很大，大概很容易被定義為成功吧！在有限的生命中，名、利、權真有想像中那麼重要嗎？我一直很喜歡一個故事，有一天黃昏，佛陀〈釋迦牟尼〉帶一群門徒走過恒河邊，祂蹲下來從地上抓起一把泥土，回頭對門徒大聲說：「我手上的土多還是大地的土多？」當時夕陽滿天，據說很多門徒就在那時悟道了。生命如此美好，也如此短暫，人一生中能抓得住的名利權又有多少呢？所以我們不把名、利、權的獲得當作成功的定義。

每個人的一生

其實大都是由自己決定而走出來的。

有的人終其一生窮困、失敗、痛苦……

而在事後委罪於天地、委罪於時空、委罪於他人。

其實每個人可在人生出發之前

先學會對成功、致富、快樂的正確觀念，

然後再奮力地踏步向前走，

而走出一條有如彩虹般

多彩艷麗的人生。

Success with Money & Joy

成功是一種觀念

致富足　種對自己對家人的義務

快樂是一種權利

DO IT

YOU CAN MAKE IT

每個人都有能力，都有義務，都有權利

辦到成功、致富、快樂…

Chapter **2**

獲得成功——證明自我

只要不停地反覆去做，就是成功的最佳途徑
——安地・沃霍爾

4.健康至上
成功的第一個客觀條件是「健康的身體」

如果成功不是打敗別人，不是超越別人，不是名、利、權的獲得，那成功的定義是什麼呢？依我來看成功最少包括三個客觀條件，三個主觀條件。

先說三個客觀條件，所謂客觀條件就是別人看你的條件。第一個客觀條件是「健康至上」。

我有一個大學同學是緬甸來的僑生，他到台灣時很窮苦，在我們家經營的水電行打工，由於勤力向上，個性又好，大家都很喜歡他，我母親更是特別喜歡他。

後來大學畢業後，和我們一起從商，賺了很多錢，也娶妻生子，可說是白手起家，成為千萬富翁後，他仍然省吃儉用，將所賺的錢捐給教會及窮人，像這樣好的人，四十五歲得了肝癌，死了。

聽到他的死訊後，我們都很傷心，也很怕我母親知道，因為我母親最疼他，怕經不起這個打擊。

我很婉轉的跟母親解釋，說上天實在不公平，這麼好的人竟然這麼早死，我母親卻比我想像中堅強，她沒有流淚卻大聲說：「這都是不照顧自己身體所致！」

誠然一個人有再多的名、利、權，有再多的愛心，沒有健康的身體，不能稱之為成功，所以我們說成功的第一個客觀條件是「健康至上」。

5.豐衣足食
成功的第二個客觀條件是「豐衣足食」

從前自耕自食的農業時代，飯疏食飲水，曲肱而枕之，富貴於我如浮雲，今天的社會是一個相互間依賴非常重的時代，沒有足夠的物質條件，很難生存得好。沒有物質的支時，幸福怎麼會長久？

記得住在日本時，看過一個連續劇叫北海蝴蝶夢，講的是住在北海道的一個叫蝶子的女孩，一心嚮往東京學習音樂，成為音樂家。不顧父親的反對，克服萬難到東京學音樂，後來嫁給了她心目中的白馬王子，一個最有才氣的年輕音樂家。她的先生是個音樂天才，可是脾氣很壞，曲高和寡，經常不肯降低自己的水準去遷就一些有收入的演奏會，最後他們窮到有時沒有飯吃了，她還是很愛、很尊重她的先生，沒有飯吃的時候，她跑去跟她的先生說：「老公，肚子餓了，但是家裏沒有飯吃了！」

「肚子餓了，彈彈琴就好了！」

「哦？是的。」蝶子開始去彈琴，暫時忘了饑餓，但是不久又餓了。後來孩子生出來了，還是沒東西吃，她老公還是整天堅持理想研究音樂，終於她忍不住了，她告訴她先生說：「老公，孩子肚子餓了，但他不會彈琴。」

在這個物慾橫流的社會，我們很高興看到一些年輕人仍堅持自己的理想，

有些年輕女孩仍憧憬愛情而不願屈服於現實或隨波逐流。

人類也因為有這種情操，才顯得高貴。

但是愛情是沒有條件的，婚姻卻是有條件，至少有法律、血緣、生活等實際的條件，養不起自己的人是無法論及婚姻的。

一個整天入不敷出的人，沒有人會認為他是成功的，所以成功的第二個客觀的條件是「豐足的物質生活」，我說的是豐富充足的物質生活而不是富有或奢侈的物質生活。

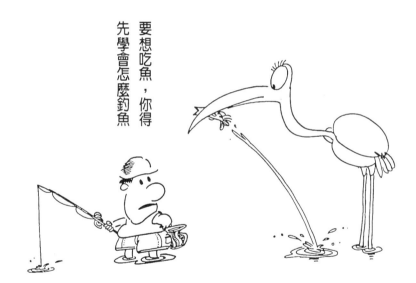

要想吃魚，你得
先學會怎麼釣魚

6.平衡的心理狀態
成功的第三個客觀條件是「平衡的心理狀態」

有些人很優秀，條件很好，也很努力，卻整天凡事不滿，怨天尤人，這就是缺乏平衡的心理狀態。

二十多年來我一直在當主管，也遇到了許多這樣的同仁，最初對這個問題很頭痛，後來就有了對策，當一個同仁老是向我抱怨其他人對他不好的時候，我就跟他說：「也許你對他好些，他會改變。」過些陣子後，有些人會跑回來說，沒有用的，我對他好，他還是對我不好，我就對他說：「你對他好是你對，他對你不好是他不對，既然是你對他不對，有什麼好抱怨呢？」

這一招大抵管用。

直到有一天有一位心理很不平衡的同事終於忍不住了，拿著他的身份證氣憤的說：「老總你說的比較輕鬆，我跟別人不同，我是跟我母親姓的！」他含著淚指著父不詳那一欄，訴說他從小受過的委屈。

我想起了在論語中，孔子曾經鼓勵他出生貧賤的弟子冉有說：「犁牛之子，騂且角，雖欲勿用，山川其舍諸？」意思就是說一隻耕田的水牛，生了一隻毛色很純，角很端正的小牛，雖然人們因為牠出身低微而不願用來祭天地，但是山川之神能捨棄牠嗎？事實上，孔子自己也是個父不詳，出身貧

賤的人，而他卻成為中國歷史上心態最平衡的人，主張中庸之道，為後世建立了倫常的道德標準。畢竟人不是馬也不是狗，非要名種才好，正所謂「將相本無種，男兒當自強」。只要有人群的地方，就會有人的衝突，有再高的智慧也無法解決所有的衝突和不滿，最重要的是不以物喜、不以己悲，保持一個「平衡的心理狀態」來處世。這是需要努力的一種修為，也是成功的第三個客觀條件。

成功致富又快樂
Success with Money & Joy

成功不是打敗別人

成功不是超越別人

成功不是名、利、權的獲得

擁有健康的身體

豐足的物質生活

平衡的心理狀態

才能擁有成功。

戰勝自己、

貢獻自己，

扮演好自己的歷史角色

才能超越自己

融入成功裡。

Chapter **3**

融入成功——超越自我

「知人者智，自知者明，勝人者有力，自勝者強」
——老子

7.戰勝自己
成功的第一個主觀條件是「戰勝自己」

成功的三個客觀條件是「健康的身體」、「豐衣足食」、「平衡的心理狀態」。接著讓我們來談談成功的三個主觀條件，客觀是別人看你，主觀則是自己看自己。

成功的第一個主觀條件是「戰勝自己」，老子道德經第三十三篇有一句話說：「勝人者力，自勝者強」就是說戰勝別人是有力量的，戰勝自己才是真正的堅強。正如前面所說的，基度山伯爵戰勝了死牢和仇人卻戰勝不了自己心中的仇恨；林黛戰勝了所有的女明星，卻戰勝不了心中的寂寞；人有時候在面對自己的時候是很脆弱的。

小時候我母親常講一個故事告誡我們不要賭博，她說在她的娘家有一個人很喜歡賭四色牌，就是那種狹長型有四種顏色的紙牌，用左手大姆指及食指夾住，用右手一展變成一個小扇形，根據桌上的牌面抽出紙牌。他非常沉迷於這種賭博，把家產全部輸光，他的妻子勸他，每次都被他毒打一頓。有一天他正在賭四色牌的時候，有人衝進來告訴他，你的妻子自殺了，他很緊張的跑回家，發現

他的妻子及兒女全部投環自殺了，幾具屍體吊在空蕩蕩的屋子裏。他幾乎要瘋了，看著自己的左手居然還捏著扇形的紙牌，他瘋狂的衝入廚房，拿起菜刀，齊腕切下了自己的左手。我一直以為這件事只是一個故事，直到長大時，我親眼見到了這個人，我非常驚訝，就像看見一個小說中的人物，更令我震驚的是這個人正在賭博，賭的也是四色牌，他彎起了左腳，將四色牌放在左

無法戰勝自己的人，自己從鏡中看見的自己就是一個怪物。是個連貓狗都懶得理睬的怪東西。

膝蓋上，用光禿禿的左腕壓住牌，用右手展開成扇形，非常熟練的賭著。

每次想到這個人這件事，我就會想到「攻克己心，勝過攻城掠地」這句話。

人要戰勝自己是如此的困難，因此我認為成功的第一個主觀條件就是要「戰勝自己」。一個人如果無法戰勝自己，一直在做自己認為不該做的事，就不能稱之為成功的人。

8.貢獻自己
成功的第二個主觀條件是「貢獻自己」

孫中山先生曾說過人生以服務為目的，當有能力為千萬人服務時就要為千萬人服務，有能力為十百人服務就要為十百人服務，只有能力為一、二人服務就盡力為一、二人服務。曾經有一段時期，我剛剛辭去工作，當時心情相當低落，身邊又有足夠的錢，一直在猶豫下一步要怎麼走，再去就業呢？還是休息一下享受人生呢？整天呆在家裏，或隨意走走，一直打不起勁來。有許多好友到家裏來相勸，希望才三十多歲的我，又有足夠的錢和能力，不要氣餒，再出來打拼。我自己也瞭解，只是就是有一種說不出來的疲倦，一種深入骨髓的疲倦，一直無法提起勁來做什麼決定。直到有一天，我在夜市閒逛，看見一個人在走路，用手走路，因為他沒有腳，他雙手各握著一個小板凳交互移動，

挪動身體，辛苦的走路，我跟了過去，不久他坐上了他的輪椅，我想這個乞丐好可憐，跑過去給了他一百元，他接了錢看了我一下，拿了一張獎券給我，對我露出一個微笑說：「我不是乞丐，我賣獎券。」然後用手搖著輪子開車走了，我忽然醒悟了，一個沒有腳的人還在賣獎券，像我這樣好手好腳，受過高等教育及專業訓練的人居然在閒逛、浪費生命。望著那緩慢移動手搖輪椅車的背影，我忍不住在心中大聲的跟他說「謝謝！」

一個人是否成功，不是看他有什麼豐功偉業，而是看他有沒有充分的貢獻出他所有的力量。聖經中有一個故事，有一天耶穌和祂的門徒坐在教堂門前，看信徒們捐錢，有一個富人捐了一千兩銀子，接著一個窮老太婆捐了二文錢，耶穌說這個女人捐了很多，門徒們都很驚訝說：「剛才那個人捐一千兩，夫子沒有說話，這女人只捐了兩文錢，為什麼夫子說她捐的多呢？」

耶穌說：「那一千兩只是那富人的一小部份，這兩文錢卻是這女人的全部。」

記得一九七六年瑞典皇家學院將諾貝爾和平獎，頒給在印度為窮人服務了四十多年的德瑞莎修女，而沒有頒給當時促成以阿和平的卡特總統，他們也說了同樣的話：「因為她付出了她的全部」。因此，我說成功的第二個主觀的條件是「貢獻自己」。

9.扮演自己
成功的第三個主觀條件是「扮演好自己的歷史角色」

每一個人都活在歷史中,在每一段歷史都有很多人存在,就像今天全世界就有五十六億人活在地球上,每一個人都在扮演歷史的角色,大家都聽過管仲與鮑叔牙的故事,鮑叔牙與管仲是很好的朋友,兩人一起去經商,結果給管仲的壞脾氣弄得一團糟。後來鮑叔牙去從政,由於他很努力,人緣又好,仕途一直很順利,最後齊桓公提拔他為宰相,他跪拜說:「謝主恩寵,但我能力不足以擔當宰相」

「你不行,有誰行呢?」

「我的朋友管仲」

在鮑叔牙的推薦下,齊桓公用管仲為宰相,九合諸侯,一匡天下。管仲成為天下最有貢獻的功臣,他是一個很自負的人,將自己的宰相府裝飾得跟皇宮一樣,用同樣的雕龍雕鳳。齊桓公倒還有容他的雅

子曰:「微管仲,吾其披髮左衽矣!」

量,只是後世的學者都以恃才傲物、大逆不道來批評他。只有孔子說了一句公道話:「微管仲,吾其披髮左衽矣!」意思是沒有管仲,漢族無法團結在齊桓公的領導下,早就被胡人統治了。孔子修訂春秋時,站在比較客觀的立場,不因管仲的狂傲而忽略了他的貢獻。關於管仲,毀譽參半,至於克守本份的鮑叔牙則得到所有人的敬仰,他雖然沒有管仲那樣經天緯地的才華,但他成功的扮演好了他在歷史上的角色。這故事使我們想到歷史上的英雄人物,可能只是海上捲起的浪花,真正的歷史浪潮是由那些默默的做好歷史角色的大多數人在推動。

我有一個朋友,是台灣股市大亨,當股票最熱的時候,每天的輸贏都是上億的。他是個聰明、豪

爽的人，對朋友很講義氣，但是他有一個壞習慣就是喜歡喝酒，每天晚上都要到酒家去喝酒，喊拳一直鬧到深夜，然後才醉醺醺的回去。而且一見到朋友就拉他們一起上酒家或酒廊，我是不太喝酒的，所以很怕碰到他。有一天晚上，我送客戶回飯店，在門口被他碰個正著，他已經喝的臉紅紅的了，我還來不及推辭，就被他拉進車子裏去了，他的司機似乎知道他每天的慣例，一下子就開到了酒家。

在酒家鬧了一陣子，大概十點多，我正想找一個藉口先走，忽然間我的朋友醉倒了，大概晚飯時已喝了太多酒。司機和我把他送回家去，一路上他都在打呼。好不容易到了他豪華的別墅，我們把他抬進家裡的客廳，這時他的太太從二樓下來，邊走邊罵：「這死鬼每天都到酒家鬼混，喝得像條死豬，真是！」然後她看到了我，有些不好意思的說：「這位先生對不起讓你送他回來，這死鬼！」

後來，我坐上他的車要離開時，還聽到客廳中他太太的怒罵聲。

他的司機送我回家的路上，我心中實在很感嘆，就問那位司機：「董事長每天都喝酒喝到那麼晚

嗎？」

「是啊？今天還算早，唉！董事長可能工作壓力大吧？每天總是要喝到一、兩點才回來，我們做下人的也不敢勸他。」

過了一會，他又說「溫先生您是董事長的好朋友，他比較聽您的話，您可以多勸勸他，我們都很擔心他的健康。」

「哦？」我從來沒有和這位司機談過話，他這份真誠令我對他注意起來。「董事長經常這麼晚回來，你替他開車，也都是這麼晚回去？」

「是啊！」

「那你每天回到家太太小孩都睡覺了」

「不，我太太從結婚到現在十多年了，不管多晚她都等我回去再睡。」他雖沒有回過頭，但我可以感覺到他溫暖的表情。

「那你太太一個人在家等你，不會很無聊嗎？」我好奇的問，

「不會，我太太喜歡看書，她常說白天要看孩子沒有時間看書，晚上還好可以進修。」

我沒有再問了，心中卻在問自己，這樣的董事長夫婦跟這樣的司機夫妻，到底誰比較成功呢？車仍在黑夜中行駛，一個普通的夜晚，一個平凡的故事，卻使我悟出了人生的大道理——成功的真義。做好自己歷史的角色，才是真正成功的人。

Success

1．成功不是打敗別人2．成功不是超越別人3．成功不是名利權的獲得
4．成功是健康至上5．成功是豐衣足食6．成功是平衡的心理狀態
7．成功是戰勝自己8．成功是貢獻自己9．成功是扮演自己
　　　　預祝大家克服一切，早日成功！

成功致富又快樂

Success with Money & Joy

猶太諺語中有一句名言

會傷人的東西有三個：苦惱、爭吵、空的錢包。

其中最傷人的是——空的錢包。

金錢本身並沒有善惡，

有錢不是罪惡，

但沒有錢，

卻的確是一件不幸的事情，

所以，我們必須學習

重視財富

管理財富

更重要的是要學會

正確地

使用自己的財富。

Chapter **4**

滿足致富——認識財富

所謂富裕的人，是對自己的所有物能感到滿足的人
——猶太語錄

10.重財——重視自己的財富

致富法則一：重財

一九七九年初，我們家擺脫了二十多年的債務與貧窮，買了第一間屬於自己的房子。我流著眼淚向我的母親和妻子說：「今後不管當什麼樣的人都好，我發誓不再當窮人了。」

生活的艱苦和物質的缺乏，還不是最嚴重的事情，那一種長期的窘境和屈辱感，使我下定決心要永遠脫離貧窮。此後十七年來，我們家都過著很平穩而富足的生活。這些年中，我也一直在觀察周遭的朋友和認識的人，有一些人過得很好，有些人一直在窮困中掙扎，有些人則起起落落。

也許每個人都有自己的命運，只能在自己可掌握的範圍內，做最大的努力吧！懷著同樣的心情，今天我謹將自己的淺見，獻給那些可以致富卻仍在貧窮裏掙扎的人。

我認為致富有五個法則：第一個法則是重財——就是重視自己的財富

中國人也許受到傳統文化的影響，對財富的價值有相當大的兩極化。

有些人非常愛惜金錢，有些人則視財富如糞土。有些人年輕時不重視金錢，年紀大了卻變成愛財如命。有些人不擇手段的賺錢，視金錢為享受和驕傲的工具，有些人則視金錢為懶惰和罪惡的源頭。事實上，金錢本身並無善惡，它只是市場經濟的代幣。農夫賣了米變成金錢，再用金錢去交換衣服或其他日用品。貿易這個字原文的意思就是交換，市場經濟就是交換的活動。為了使交換

孔子說：「不義而富且貴，於我如浮雲。」

活動簡化，才產生金錢和貨幣。一個農夫很愛惜他的米，沒有人會認為是錯的，他將米換成錢後，很愛惜他的錢，也應是很自然的事。錢財固然是身外物，也是

生活的必需品。只要是正正當當的錢，都應該被珍惜，被重視。

記得我年輕時，在一家公司當總經理，當時我們的老董事長經常會握著我的手，懇切的對我說：「溫總，你還年輕，你要了解每一塊錢都像每一滴血一樣重要。」當時，我並不完全了解他的意思，還覺得有些嘮叨，在以後的事業生涯中，我才慢慢體會到只有經過貧困和生命歷練的人，才能說出這麼深刻的話。

背負重擔的人有福了，成功之路就在前方不遠處。

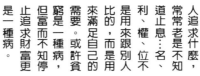

人追求什麼，常常老是不知道止息…名、利、權、位不是用來跟別人比的，而是用來滿足自己的需要。或許貧窮是一種病，但富而不知止追求財富更是一種病。

11.理財——管理自己的財富

致富法則二：理財

過去一、二十年來，我所認識、所接觸在貧窮和缺錢裏掙扎的人，都有一個共同的特性，就是不會理財，甚至是不懂得什麼叫做理財。

很多人告訴我，他沒有學過會計，沒有數字概念，所以不會理財。我所說的理財，是人人都很容易學會的事，不必學會計也會理財，事實上，有些學會計的，也不見得會理財理得很好。現在我要利用幾分鐘的時間，告訴你如何理財。

首先，要有一本隨身攜帶的每日收支記錄小冊子，隨時把你主要的收入及開銷記錄下來，太瑣碎的不用記，但是必需持之以恆的記，使成為生活上的一種習慣。其次，要每日結算自己的資產負債淨值，有些人每日只結算自己手頭的現金和存款，而沒有算到遠期負債，這是容易誤導的。舉個例說，標了一個會，付頭期款買房子，辦了三十年的房屋貸款，從此有了自己的房子，比較放心了，繳會錢及貸款代替繳房租，一般人都認為這是很正確的。房子是資產，會錢及貸款是遠期負債，房子的總值減去會錢的總值，再減去三十年貸款本息的總值，這些都有數字可說算的，你很可能在購買房子當時，就使自己的資產負債淨值成為負數，換句話說，你可能已經負債了。負債是很可怕的，因為欠人家一百萬，三年後連本帶利會變成兩百萬。因此，正確的理財方法，就是每天都要掌握自己的資產負債淨值，每天算，不厭其煩，直到養成習慣。每天記錄自己主要的收入及主要的開銷，每天掌握自己的資產負債淨值，能做到這兩件事，你就是理財專家了。當然你也可能討厭去做這兩件事情，而聽天由命的過日子，那你很可能就因為不去理財而當一輩子窮人了。

在貧窮裡掙扎的人，大都是不會理財的人！其實個人理財很容易，只是一些簡單加、減、乘、除而已。

12.增財──增加自己的財富

致富法則三：增財

知道財富的重要，養成理財的習慣後，接下來是要談談如何增加自己的收入。一般人的收入，可分為兩種，一種是勞務收入，一種是財務收入。簡單的說，比如你到公司上班，每個月領的月薪就是勞務收入，你存在銀行的存款，所生的利息，就是財務收入。

勞務收入可分為三個層次：

☆用天生本能賺錢

☆用知識和技術賺錢

☆用組織能力賺錢

用天生本能賺賤，就是用天生具有的能力，如時間、體力、感性力等等，去賺取勞務收入，比如當大樓守衛員主要就是用時間賺錢，在搬家公司當工人，主要就是用體力  賺錢，一個年輕漂亮的女孩在大餐廳當領檯，主要就是用天生的感性力賺錢。

用知識和技術賺錢，就是除了用天生本能以外，再加上後天的學習，以增加自己的知識和技術，來賺更多的錢。比如設計師主要是用時間和知識賺錢，電匠主要是用體力和技術賺錢。

用組織能力去賺錢層次更高，一個人不管天生本能有多好，後天的知識和技術有多高，總是一個人，有其限度。知道如何組織別人，讓許多人的先天本能及後天知識和技術，能充分的發揮，再加以整合，一定可以做更大的事，賺更多的錢。

職業本身無貴賤，不管你是那一個層次的勞務收入者，都沒有關係，重要的是，你要努力提高自己的層次，才能做更大的貢獻，賺更多的錢。過去，在美國有一個貨運公司的送貨員，他每天騎著摩托車將公司的貨物送到客戶家裡，是個標準的用時間和體力賺錢的人。但是他努力研究城市的地圖，完全熟悉送達目的地的每一個路徑，不斷的記錄在那一段時間，那一個路段會塞車，他甚至精密的計算紅綠燈變換的時間，因此，他送貨的時間比其他同事快一倍。一天的貨，通常在一個上午就送完了。他利用下午的時間，在咖啡屋讀經營管理的書籍。後來他的公司發現了，認為他在偷懶，就把他革職了。他離職後，自組快遞公司，用他所研究出來的方法送貨，不久就把不求改進的原公司打敗了，這個快遞公司後來不斷的發展，成為世界知名的「聯邦快遞公司」的前身。學會賺錢是善待自己最好的方式。

接著，我們來談：第二個增財的方法
——財務收入
每天用各種層次的勞務去賺錢，很努力的去賺，開始有些積蓄了，就要注意到，財務收入要並行，也就是俗稱以錢賺錢。千萬不要以為只有憑勞務賺錢才是正當的，或者是低估財務收入的量。農夫賣土地所賺的錢，可能超過他一生辛勤耕作的收入，同樣的，正確的運用財務收入，可以使你更快的致富。從前，在日本有一個小孩，由於家境貧窮，小學沒有畢業，

沒錢買車，只好買馬，沒錢買馬，只好買驢。有了銀子就趕緊買驢買馬，這是古人的投資觀念，今人要想增財，就得懂得增財之道。

就到自行車行當學徒，有時來修車的客人會叫小學徒去買香煙，當時日本還很落後，買香煙有時要跑到十幾分鐘遠的地方去買，一般的小學徒都不願意去，這個小孩比較勤快，每次都是他去買

煙。久而久之，他跟香煙舖的老板熟了，他才知道，如果一次買一條煙（十包）可以打九折。於是他存了兩個月的薪水，買下一條煙，從此他就不用跑去買一包一包的煙，而且每十包煙就可以賺一包煙的錢，客人也因為等修車時，馬上有煙抽，更常向他買煙。不久，他賣煙的收入超過了學徒的薪水，他的財富慢慢累積起來了。長大後，用他所積蓄的錢，投資生產他自己研發出來的自行車燈，發了大財。又將所賺的錢，投資當時日本正在興起的電子工業，終於成為不可一世的大企業家，你一定聽過這個小孩的名字，他叫松下幸之助。

財務收入也許比較瑣碎，但因不大會影響到勞務收入，只要費點心，兩者是可以並行的，增加財務收入的關鍵是，只要是正當的，「勿以小財而不賺之」。

不斷的提高勞務收入的層次，再加上妥善的運用財務收入，你的財富就會不斷的增加，達到致富的目的。

如果這一切都順利，接下來的問題是到底是什麼情況才叫「富」呢？錢是不是越多越好呢？錢如果是拿來和別人比，那你永遠不會是富的，因為一山還有一山高。兩千五百年前，中國的老子，給「富」下了一個很好的定義，他說：「知足者富」。富不是跟別人比，而是滿足了自己的需要，就叫做「富」。如果用我們今天的說法來詮釋，因為現代是工業社會，無法自耕自食，所謂「知足者富」應該就是你的財務收入，能支持你的家庭後半輩子的生活，就算是「富」了。這樣即使有一天，你無法再從事勞務收入的事，也不虞匱乏了。對子女的支持，應以完成教育為原則，留下財富給子孫，只會削弱他們的生存能力。

知足者富，強行者有志。

13.守財——保守自己的財富

致富法則四：守財

增財容易守財難，賺錢固然辛苦，守財卻要難上數倍。幾年前，有一家我很熟悉的公司，股票上市了，當時所有持股的員工，都一夜之間成了百萬富翁或千萬富翁，在那公司中，我認識的人很多，當時連平時很保守的人，講起話來，都是得意洋洋的。過了三、四年後，我陸陸續續的又碰到了那些朋友，讓我非常吃驚的是，居然沒有一個人保住他們的財富，大家又像以前一樣，在那一家公司打工，不同的只是股票都賣光了，每個人都有不同的故事發生；相同的是，每個人都沒有保住股票上市後，賣掉股票所得的大量財富。有的是被兄弟姊妹、親戚朋友借去或用掉的，有的是拿去做生意虧光的，有的是跟會被倒的，有的是把錢又再投入股市虧光了，有的甚至是被騙走了。一個人很重視財富，學會理財，又努力增財，卻不會守財，即使一生中有再好的機運發財，也照樣會回到貧窮的日子。以上我要講的是守財三原則，如果你想永遠富足的話，請牢記在心頭。

☆不賭錢

☆不借錢

☆不投資做生意

遠離賭錢

不向人借錢

不借別人錢

不為別人作保

不做無知的投資

首先要談的是第一個守財原則：不賭錢

幾乎所有的吃喝玩樂，所使用的金錢都是有限的，賭卻是無底洞。比這個更嚴重的是，賭博會上

癮，一旦上癮了，會失去理智般的賭到傾家蕩產，直到拖累所有親戚朋友為止。最近的研究，發現有賭癮的人和吸毒上癮的人一樣，在大腦中，有一塊發炎的腦細胞，當癮發作起來時，會無法控制自己。這是很可怕的，要避免染上賭癮的方法，就是完全不賭，包括休閒性的賭博都要避免，因為賭博就跟吸煙一樣，是一點一點染上癮的。不要太相信自己異於常人，有意志力可隨時自制，所有已上癮的人，都曾經這麼想過的。除了賭場、牌桌的賭博外，簽六合彩、賭博性電玩（遊戲機）、賭股票、賭期貨等等，賭博性質很高的活動，也會使人傾家蕩產，前功盡棄，一定要絕對避免。「遠離賭博」是守財的第一個原則，如果你守不住這個原則，底下的建議也不用再聽了。

第二個守財原則是不借錢

這個原則包括兩面，就是不向人借錢，不借錢給別人。我住在日本的時候，發現日本人親戚朋友間很少互相借錢；歐美更是少見，一般人都是向銀行或專業的貸款公司去借錢。為什麼中國人會有這樣的借錢傳統呢？「朋友有通財之義」「朋友救急不救窮」這些古老的說法，講的是朋友有急難，一時無法生活或度過危機時，給予援手的美德。怎麼會演變成借錢給人家還債或周轉，借錢給人家買房子、做生意等等的行為呢？

向別人借錢也是一樣，一方面會鈍化了節儉的習慣，另一方面會使自己疏於理財。

> 如果我們不能狠心堅持做個守財奴，將來受苦的，將會是我們自己。

在台灣還有一種比借錢更危險的事就是標會（起會、跟會、以會養會），向人借錢還要拉下臉

來，標會卻可堂而皇之的向很多人借錢，借錢還有借據，自己還比較知道欠人多少錢，標會、以會養會的人，大部份都不知道自己欠了人家多少錢，債務愈滾愈大，愈陷愈深。

互助會本來是一個儲蓄、互相救急的古老方法，從前當銀行金融體系還未健全時，不失為收集資金的一個好途徑。如今越來越被不會理財、陷入債務的人，用來做周轉的工具，利息雖比銀行高，但風險卻遠比以前大多了。要知道起會、標會就是向人借錢，跟會就是借錢給別人。當親戚朋友上門來借錢要求跟會時，有時候是很難拒絕的，你也許認為拒絕的話，會失去親戚朋友，變成孤僻，其實借錢給親戚朋友，往往是失去他們或彼此交惡最快的方法。對於這些心軟的人，我給他們的建議是，如果你的每日資產負債淨值是正數，你真有多餘的錢，你也有這個心要幫他們，你就把錢借給他們，不用借據，也不用為他們還不還錢而患得患失。幫助朋友總有一個限度，金錢借貸往往像賭博一樣是個無底洞。不向人借錢、不借錢給別人（包括不為人作保）、不起會、不跟會是守財的第二個原則。

如果我們不能狠心堅持做個守財奴，將來受苦的將會是我們自己。

貪和貧，是相隔一道牆的鄰居如果我們不堅持當個守財奴，很可能就要當窮人了。

守財的第三個原則是不投資做生意

找別人投資、加股對有些人來說是一個高明的借錢術，對守財的人來說，卻可能是另外一個無底洞的陷阱。

找別人拿錢來當股東，比純粹向人借錢給利息，要有誘惑力，一方面讓投資的人覺得有希望（會分紅、會成長）另一方面讓投資的人覺得有成就感（自己是老闆）。過去的投資公司或是今日的傳銷公司，都是抓住人們這樣的心理。要我們投資的人，總會告訴我們一些成功的案例，有些可能也是真的。要知道闖紅燈雖然僥倖沒有出車禍，但總是不對的。聽信一面之詞，投資別人的生意，過去也有許

多人，白白損失了辛苦的積蓄或退休養老金，這些都不符合守財的原則。

如果自己條件夠，可以試試自己創業，不然就守住自己的財富，不要輕易投入自己不太懂的生意。

守財的第三個原則，就是不投資做生意，也許你會失去比例很低的機運，但你卻能很有把握的守住自己辛苦賺來的錢。通常守財三原則會失敗，多起因於貪念，小時候，我常常把貪與貧這兩個字寫反，後來查字典，才發現這兩個字原來是住在隔壁的。

過去曾有人爭論夫妻之間，誰應該管錢，先生主張應該他管，因為大部分錢是他賺的；太太則主張應該她管，因為男主外女主內，而且女人比較細心。我的主張是，誰肯被罵「守財奴」而仍堅持守財的原則，就由他管。這不見得是開玩笑的話，有時候你不堅持當守財奴，很可能就要當窮人了。

> 貪與富僅是一字之差，但在一念之間，卻可使貧者變富，富者轉貧。

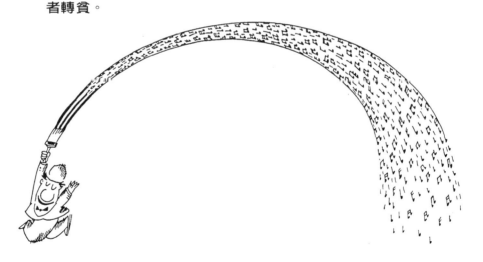

14.用財——使用自己的財富

致富法則五：用財

知道正確的使用自己賺來的錢，這樣的人，才是真正的富有。

當你很重視財富，善於理財，賺了很多錢，又能守住自己的財富，接下去該注意的就是如何使用自己的財富了。財富本身無善惡，但是如果一個人，大量累積財富後，主要用來享受和驕傲，這樣不但對社會無補，甚至會禍延子孫。佛家說財富是屬於不肖子孫的，因為錢是屬於花掉的人的，賺了錢不捨得用，傳給了兒子，兒子沒有大花用，又傳給了孫子，不肖的孫子把它花掉了，所以說，財富是屬於不肖子孫的。基督教也主張不要積財寶在地上，要積財寶在天上。一個人可用他多餘的財富，去從事社會正義，對抗貧窮、無知、疾病、天災、人禍等事情，這樣他的財富，會像延伸的力量，造福更多的人，那時他可以感受到真正的富有。

**失卻半城地，
贏得半城友，
兩袖清風吹，
真心滿半城。**

我的朋友，名作家古龍，在生前喜歡說一個小故事，他說：「從前，在城裏有一個人姓吳，大家都叫他吳半城，因為他擁有城裏將近一半的土地，後來他陸續將土地變賣，去賑濟窮人，到他年老時，他已沒有土地了，但是大家還是叫他吳半城，因為他擁有半城真心的朋友。」這才是真正的富有。

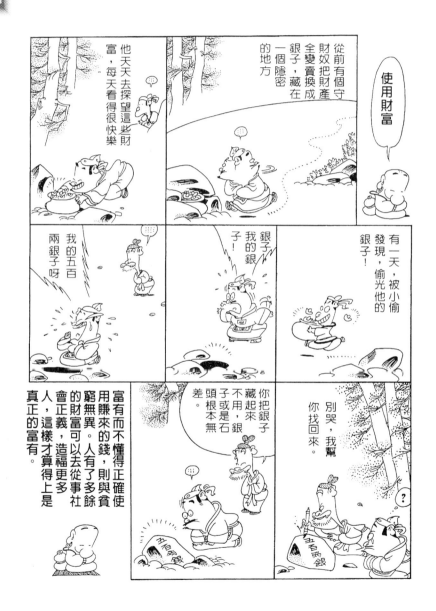

使用財富

從前有個守財奴把財產全變賣成銀子，藏在一個隱密的地方

他天天去探望這些財富，每天看得很快樂

我的五百兩銀子呀

銀子！我的銀子！

有一天，被小偷發現，偷光他的銀子！

別哭，我幫你找回來。

你把銀子藏起來不用，或是銀子根本無異。

富有而不懂得正確使用賺來的錢，則與貧窮無異。人有了多餘的財富，可以去從事社會正義，造福更多人，這樣才算得上是真正的富有。

致富的五個法則是重視自己的財富、管理自己的財富、增加自己的財富、保守自己的財富和正確的使用自己的財富，以上淺見，謹供參考，預祝大家早日致富，遠離貧窮。

雲門禪師問弟子們說：

「我不問你們十五日月圓以前如何，

我只問十五日以後如何？」

弟子們說：

「不知道。」

雲門說：

「日日是好日！

春有百花秋有月，夏有涼風冬有雪；

若無閑事掛心頭，便是人間好時節。」

Success with Money & Joy

快樂是一種角度，

由反面看可能是苦，由正面看可能是樂。

快樂是一項權利，沒有人能限制我們從好的方向看

但要有心才能夠看得出快樂之處，

什麼心呢？

「一顆快樂之心。」

Chapter **5**

感謝快樂——快樂微笑最好

春有百花秋有月，夏有涼風冬有雪；若無閑事掛心頭，便是人間好時節。
——雲門禪師

人常常不切實際的期望能得到大的滿足,因而把一些小小的收獲也變成一種不滿足的痛苦,快樂不因為收獲的大小,而是來自於知足。

15.今天最快樂
快樂是我們的權利，沒有人能夠阻止我們的快樂

雖然人有健康、疾病、富貴、貧窮之別，但，天地山川怎麼會捨棄我們，不讓我們的心充滿喜悅、快樂呢？

有一天，我在電視上看見記者訪問一間DISCO舞廳，他問那些跳舞的年輕人說：「這裡鼓聲這麼響，你們不會覺得吵嗎？」

他們回答說：「怎麼會呢？鼓聲越大，把我們的煩惱都敲光了，更能盡情的快樂跳舞。」

我有一些感觸，這些正值青春、前程似錦的年輕人，應該沒有什麼大的煩惱才對，居然要用這麼大的鼓聲來驅除煩惱，我想那些年紀較大，青春不再，歷經滄桑的人，可能要用打雷才能去除煩惱了。

這雖是開玩笑的話，但是如果我們仔細觀察週遭的人，你會發現不快樂的人好像比貧窮的人還多。一個人怎麼才會快樂呢？

記得年輕的時候，我很不會講話，尤其在公眾場合，一站起來就紅著臉講不出話來。後來，下定決心要克服這個弱點，就利用一個暑假的時間，去參

加口才訓練班，原以為他們會教我許多講話的技巧，但是老師只是教一些待人處事的道理，他反覆的強調，要先有人才，才有口才，肚子裡沒有學問，是不會有好的口才的。

我想快樂也是一樣，我們不會因為大笑而快樂，物質的享受或得到想要的東西，也只會讓我們高興一時，只有內心真正的充滿喜悅，才會經常快樂。今天我要和大家一起探討快樂的祕訣。

快樂的第一個祕訣是：今天最快樂。

如果我們有透視別人心事的眼睛，我們會看到許多人都背著兩個包袱，一個包袱裝著是「昨日的煩惱」，一個包袱裝著是「明日的憂慮」，這兩個沈重的包袱，讓很多人無法快樂的活在今天。

美國國父華盛頓曾經說：「過去的日子只是一堆灰燼，除非你想從其中找到教訓。」生命本就是一個單行道，過去的煩惱已經過去，重要的是從過去學到教訓與經驗，來面對今天。

聖經有一句話說：「不要為明日憂慮，明日自有明日的憂慮，一天的難處一天當就夠了。」這不是指不要計劃明天或期望明天，而是不要為還沒有發生的事情去憂慮。

遺忘過去，不要為明日憂慮，讓今天最快樂是第一步。

融入生命，融入生活，
融入今天，融入快樂。

我有一個朋友，四十多歲得了肝癌，醫生告訴他，頂多只剩下半年的生命，我們的感情一向很好，我想以後就看不到他了，就跟他約好每個星期六中午一起吃飯、聊天，希望在他有生之年多給他一些安慰，沒有想到我從他身上得到了更多。在他死前的那一些日子裡，他告訴我說：「如果早上醒來，發現自己還活著，身體也沒有大的疼痛，就滿心喜悅，覺得那一天是有生以來最好的一天。」

這些年來，我養成了一個習慣，就是每天起床時，剛張開眼睛，就對自己說：「每天是每年最好的一天。」我曾將這個方法告訴過許多朋友，很多人在這麼做以後，都和我同樣的，一天比一天快樂起來了。

活得快樂的另一個要領就是充滿感謝，儘量向人道謝，有些人長到了很大年紀，卻還沒學會說謝謝，說「謝謝」最少要有三個動作，第一是看著對方，第二是微笑，第三是很清晰的說「謝謝」或「不用了，謝謝你！」。隨時隨地真誠的表達謝意，不要太在乎對方是否同樣回應，我有一個長輩曾經教我，他說如果你開始鼓掌時，發現全場只有你一個人在鼓掌，你就繼續鼓掌下去，因為真誠的感謝和讚美永遠是不會錯的，何況快樂會像傳染病一樣，很快的傳染給別人。

遺忘過去，不要為明日憂慮，告訴自己每天是每年最好的一天，真誠的感謝，這樣好好的活在今天，讓今天最快樂是快樂的第一個祕訣。

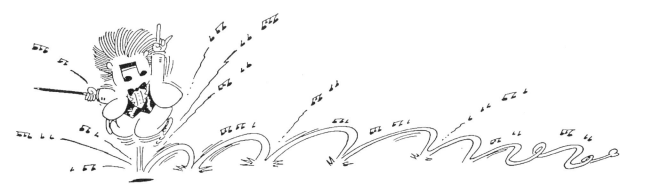

16.活著最快樂
快樂的第二個祕訣是每一天都感覺活著最快樂

我不曉得那一種人才會快樂，但我知道有兩種人是很難會快樂的，一種是完美主義者，一種是逃避現實者。

有些人也許是天性如此，有些人可能是受職業的影響，把自己定義成完美主義者，喜歡吹毛求疵，凡事不滿，遇事則抱怨，這種人經常是不會快樂的。在一個不完美的世界裡，要求完美本身就是一個危險的心態。

另一種人是經常逃避現實的人，逃避現實時，自己已經給自己打擊和壓力，是很難快樂了，何況現實仍在。

有一本書叫《阿拉伯的勞倫斯》，也曾經拍成電影，書中的主角勞倫斯與一群阿拉伯人，騎著駱駝，趕著牲畜，橫渡沙漠，在沙漠中遇到了風暴，所有的牲畜、帳篷、食物都受到嚴重的損害。暴風過後，勞倫斯看到這群阿拉伯人，很有效率的處理善後，把不能用的帳篷丟棄，可以用的食物整理好，把救不活的牲口殺了，將僅剩的飼料集中給能存活的牲口，等一切大致就序後，這群阿拉伯人就向著一個方向，跪下來向他們的神——阿拉禱告，感謝他們的阿拉讓他們保全了四成的牲口。

世事豈能盡如人意，想要改變局勢，而外界不為所動時，只好自己來動，山不動，我動：水不彎，船彎。

回教的可蘭經，有一句話說：「如果你叫山走過來，山不走過來，你就走過去。」

阿拉伯人在不可抗拒的沙漠中，孕育出來的智慧，對主張人定勝天，有志竟成的中國人來說，是另一種啟示。

生命中本就充滿了許多不可抗拒，很難預料的意外和不如意事，接受命運，面對現實，從最壞的地方去想，從最好的地方去做。要體認挫敗和打擊只是需要面對的現實，不能成為不快樂的原因。

最近我看了一部電影，由鞏俐所主演的「活著」，一部徹頭徹尾的悲劇，一個家族的少爺，由於好賭，輸掉了整個大莊院，他的父親在債主來接收莊院時，活活氣死。他和他的妻子、女兒、兒子在戰爭中流離失所，先是女兒變成啞吧，後來兒子被車撞倒的牆壓死。又歷經了許多年的貧困生活，女兒長大了嫁了一個跛腳的丈夫，卻在懷孕生產時，生下小孩後，大量出血而死。

這個「活著」的作者，幾乎把人世間的不幸，都寫在這個家庭裡，戲的末了，兩個年老多病的夫婦，看著頑皮的孫子，露出了笑容，戲就在他們充滿皺紋的笑臉中落幕了。

這個「活著」的電影，讓我們得到了一個啟示，活著有許多意義，但其中最重要的意義是「繼續好好的活下去。」

天有晴雨，月有圓缺，生命中有美好的，也有遺憾，能面對現實，讓自己好好的活下去，是快樂的第二個祕訣。

17.駕馭自己最快樂
快樂的第三個祕訣是學會駕馭自己最快樂

想放縱也許是人類的天性，但是放縱與悔恨往往是人們不快樂的主因。

從前練柔道的時候，有一位我很崇拜的老師，他高大威猛，所向無敵，像神話中的天神一樣。和他喝酒時更是痛快，大塊吃肉，大碗喝酒，每次聚餐，他和所有的人拼酒，一定把每一個人都灌醉，把大家都灌醉後，他會拿著兩瓶啤酒，站直了腰，把這兩瓶酒，從頭淋到腳，在我們年輕人心中，他是充滿英雄氣概的偶像。後來我們發現這種暴飲暴食的生活，使他的血壓變高了，就有人開始勸他不要這樣的喝酒，每當有人勸他時，他就會大聲的對他說：「你這樣怕東怕西，什麼都不敢吃，你會活到一百歲嗎？人生就是要痛快，你們看我多痛快，大口吃肉，酒一飲而盡，就算有一天碰一聲倒地而死，也是痛快過一生。」他說的也有他的道理，從此就很少人去勸他了。

幾年後，有一天他在與人拼酒時，真的碰一聲倒地不起。沒想到的是他並沒有痛快死去，而是中風了，從此半身不遂，整天都坐在輪椅上。每次去探望他時，他都激動得哭個不停，我們總鼓勵他早日康復，因為他是我們心目中的英雄。後來心情比較平靜時，他告訴我們，他很後悔以前荒唐的生活，他說：「真正的英雄是能自我控制的人，放縱是任性和逃避的心態。」

通常信仰宗教和修道的人，大多生活簡樸，穿一樣的衣服，吃粗糙的食物，卻祥和快樂，主要是

因為修煉自己的心。

最近有一些科學家認為，人類的身體中，其實有兩個人，一個是理智的左腦人，一個是任性的右腦人，人本身的矛盾，就是因為體內左腦與右腦人的衝突。經常說錯話或是做一些馬上會後悔的事，是由於左腦人控制不住右腦人，修行就是讓左腦人能控制右腦人。佛陀在菩提樹下悟出「魔由心生」的道理，可能指著就是心中任性的右腦人。

剛剛學會騎車或開車的人，通常都是很興奮的，因為他能夠駕駛一個機械的結構體，到處遊走。學會駕駛自己，這個世界上最複雜的結構體，應該是更快樂的事。

駕駛自己是生命中一個不斷學會的過程，從簡單的事開始，逐步去除任性、情緒及壞的生活習慣，養成自我節制、不輕易發怒及好的生活習慣，一步一步的學習，中途失敗了，也不要氣餒，就像學開車一樣，不斷的學習，聖人孔子也是到了七十歲才能完全駕駛自己的。

快樂的第三個祕訣是學會駕駛自己，在人生的大海中，乘風破浪，快樂的航行。

18.接納別人最快樂
快樂的第四個祕訣是懂得接納別人最快樂

如果我們身邊沒有那些心胸狹窄、自私自利的人，沒有那些故意讓我們羨慕或嫉妒的人，沒有那些搬弄是非，故意陷害我們的人，沒有唯利是圖的小人和無法忍受的仇敵，這世界就會讓人快樂多了。當我們這樣想的時候，不曉得別人是不是也是這樣看我們。

如果我們不願離群索居，我們就要學會「接受別人」才會快樂。要學會兩件事：

☆要打開自己的心胸接納別人

永遠記住這句格言：「你怎樣看別人，別人就怎樣看你，你怎樣對待別人，別人就怎樣對待你。」

☆同情迫害我們的人

即使我們有再好的修養和忍讓，這世界上還是有一些人會來欺壓你的。這些人有的是個性使然，有的是因為野心，有的則是莫名其妙的原因，人生在世，我們總會遇到一些橫逆的事和人。

有一年我在歐洲參加了一個旅遊團，導遊帶我們到一個地方，那裡圍了一大圈的空地，中間什麼都沒有，只有一大堆石頭，認真說是一大堆風化了的石粉。導遊介紹說，這是兩千年前聖經中所記載，聖徒司提反殉難的地方，司提反因傳耶穌的福音，不被當時的民眾接受，在這裡被圍毆的群眾，用石頭活活打死。在空地上豎立著一個石碑，刻

著司提反死前最後一句話，大意是：「上帝啊！不要怪罪他們，因為他們不曉得他們自己在做什麼。」

人不是聖人，我們也許沒有辦法控制自己不去羨慕別人，嫉妒別人，批評別人甚至罵別人，但是我們千萬不要去恨別人。恨別人，等於把我們自己交到仇敵的手中，讓他來操縱我們的胃口、睡眠和情緒。學會「同情」迫害我們的人，你會發現自己活得比較快樂。

19.熱愛生命最快樂

快樂的第五個祕訣，也是最重要的祕訣，就是熱愛生命

熱愛生命的第一步，就是要喜歡自己。

曾經有一個年輕漂亮的女孩子，她的家境、學歷、背景都不錯，她有一位做廣告生意，條件很好，也很愛她的未婚夫，一切看起來都很美好。美中不足的是，這個女孩的左邊牙齒從小就有兩顆暴牙，她為了怕別人看到，講話時嘴巴往右偏，久而久之，就變成歪嘴了。她未婚夫的母親對此很不滿，曾經放話說：「再怎麼樣，也不能讓歪嘴的媳婦進我們的家門。」這事越鬧越僵，使這對相愛的年輕人，苦惱不堪。

有一天她和她的未婚夫，去看一個人，這個人在和她的未婚夫談生意告一段落時，忽然對她笑笑的說：「妳的嘴巴怎麼歪歪的？」這直率的問題反而讓他們覺得比較能接受，於是他們把他們的苦惱，全盤的告訴了這個人。

這個人告訴她說，暴牙並不一定難看，許多日本明星是因暴牙而走紅的，而且牙齒歪，嘴巴不一定要歪，「每天早上起來對著鏡子笑，將嘴巴笑正，讓暴牙露出來沒關係，妳自己都不喜歡自己，別人怎麼會喜歡妳呢？」那次，他們沒有做成生意，但他們顯然得到了一些鼓勵。

幾個月後，這人收到了他們的結婚喜帖，在設計得很精美的請帖上，

用筆寫著兩行字：「從前我們聽說過要喜歡自己，今天我們學會了。」

不管你自己長得高矮胖瘦、美醜與否，都不是很重要的，重要的是「喜歡自己」。

砍斷我們自己內心中的很多的錯誤觀念，快樂自然就會呈現在平坦大道的彼端。

我們自己是自己的燈，

是它照亮了我們自己美好的生命。

熱愛生命的第二步是「全心投入工作或學習」

無所事事的人，無法肯定自己，是很難快樂起來的。用工作或學習來代替寂寞，會活得更好，有人問我說，你經常一個人在外，遇到假日的時候，會不會很想家，很寂寞呢？我開玩笑的說：「怎麼會呢？我都是每逢佳節倍加班的。」

大發明家湯姆士・愛迪生是個工作狂，從十幾歲到年老，每天工作都超過十六小時，有人問他這樣工作不會疲倦嗎？他說：「我一生從來沒有工作過，我一直都在享受。」

全力投入工作或學習，把它當成一種享受，你會發現生命是美好的。

熱愛生命的第三步是「永遠懷抱希望」

有一陣子，我每天早上都到公園去散步，通常早上公園裡，人不是很多，有一個七十多歲的老太婆，每天都拿著竹掃把在公園裡掃地。久而久之，經常打招呼，大家就熟了。有一天早晨，我走在公園裡，看見她呆立在公園裡的荷花池邊，我走過去跟她打招呼，「您早！老太太」她回過頭說：「早！溫先生」然後她笑得像一個小孩子說：「你知道嗎？荷花就要開了，每年差不多都是這個時候開的！開始的時候開幾朵，很快的整個池塘都會開滿了荷花。」

信仰產生力量，希望形成快樂，熱愛生命的人，永遠不會老。

早晨的陽光穿過樹蔭，照著荷花池，老太婆還在比手畫腳的講個不停，我忽然變得很感動，我從

來沒有輕視別人，但下意識總覺得，這樣的老太婆會有什麼希望呢？但是我錯了，懷抱希望、熱愛生命的人，永遠不會老。

物質的享受與放縱、朋友的歡聚、功成名就的得意，都會帶來一時的歡樂。但是真正的快樂是內心充滿喜悅，是一種發自內心對生命的熱愛，不管外界的環境和遭遇如何變化，都能保持快樂的心情。

活在今天、面對現實、駕馭自己、接受別人、熱愛生命，讓快樂成為你生命的本質。

大哲學家尼采曾說過：「受苦的人沒有悲觀的權利。」今天我們要說的是，快樂是我們的權利，別人要讓你不快樂，都要先得到你的同意。一個人不管是健康、疾病，富貴、貧窮，家庭背景、婚姻狀況如何，遭遇幸與不幸，事業順逆、榮辱成敗，不管在什麼地方，在晨曦中、在烈日下、在晚風裡，你都可以露出微笑，讓內心充滿喜悅，因為快樂是你與生俱有的權利。

當我們有了正確的心，快樂，喜悅就會成為我們與生俱有的權利。

你看別人像什麼，你就是什麼

蘇東坡與佛印禪師是很好的朋友，有一天他問佛印禪師說：

大師，你看我坐在這裡像什麼？

看來像一尊佛！

但我看你像一堆大便倒！

哦！是嗎！

為你尊佛，而我說，你大便你不大興，我應該是高興才是，怎麼會生氣？你生氣嗎？

因為自己是佛，自己看別人也會像佛；自己是大便，自己看別人也會像大便。

我們自己怎麼樣，我們所看的對象也會是怎麼樣。世界是依每個人的眼而呈現，世界會看見什麼樣的人而看，什什麼樣的心，會生出什麼樣的世界，什麼樣的結論。

Joy 爲了讓快樂圍繞在你我身旁，請記得經常提醒自己
☆我今天最快樂　☆我活著最快樂　☆我駕馭自己最快樂
☆我接納別人最快樂　　☆我熱愛生命最快樂

祝福大家成功致富又快樂！

成功致富又快樂

巴陵和尚說：

「雞寒上樹，

鴨寒入水。」

飛翔是鳥兒的快樂；

潛游是魚兒的逍遙。

快樂是了解自己、承認自己、實踐自己。

願每個人能真正找到自己的方法，

實踐出成功、致富、快樂。

Success with Money & Joy

願天下每個人一生都能夠

過得逍遙、輕鬆、快樂，

並真心的對自己說：

『人生真是歡喜就好！

而我自己就是這個歡喜的人。』

成功是一種觀念，

致富是一種義務，

快樂是一種權利！

Do It,
You Can Make It.

Smile, please

Smile 03

成功致富又快樂

作者：溫世仁　繪圖：蔡志忠
責任編輯：韓秀玫
美術編輯：歇斯底里工作室

法律顧問：全理法律事務所董安丹律師
出版者：大塊文化出版股份有限公司
台北市105南京東路四段25號11樓
www.locuspublishing.com
讀者服務專線：0800-006689
TEL：(02) 87123898　FAX：(02) 87123897
郵撥帳號：18955675
戶名：大塊文化出版股份有限公司

總經銷：大和書報圖書股份有限公司
地址：台北縣五股工業區五工五路2號
TEL：8990-2588　8990-2568 (代表號)
FAX：(02) 2290-1658
製版：源耕印刷事業有限公司
初版 一刷：1996年12月
初版34刷：2012年10月
定價：新台幣 120 元　特別價：69 元
ISBN 957-8468-05-9
Printed in Taiwan

國家圖書館出版品預行編目資料

成功致富又快樂／溫世仁著；蔡志忠繪圖.
-- 初版-- 臺北市：大塊文化，1996 [民 85]
　　面：　　公分.--(Smile系列 : 3)
　　ISBN　957-8468-05-9 (平裝)

　　　　1.人生哲學

191　　　　　　　　　　85014305

LOCUS

LOCUS

LOCUS

LOCUS